Emilia Pardo Bazán

Una polémica entre Valera y Campoamor

Barcelona 2025
Linkgua-ediciones.com

Créditos

Título original: Una polémica entre Valera y Campoamor.

© 2025, Red ediciones S.L.

e-mail: info@linkgua.com

Diseño de cubierta: Michel Mallard.

ISBN rústica ilustrada: 978-84-1076-070-7.
ISBN rústica tipográfica: 978-84-1076-089-9.
ISBN ebook: 978-84-1076-068-4.

Sumario

Brevísima presentación

La vida

Emilia Pardo Bazán (1851-1921). España.
Nació el 16 de septiembre en A Coruña. Hija de los condes de Pardo Bazán, título que heredó en 1890. En su adolescencia escribió algunos versos y los publicó en el *Almanaque de Soto Freire*.

En 1868 contrajo matrimonio con José Quiroga, vivió en Madrid y viajó por Francia, Italia, Suiza, Inglaterra y Austria; sus experiencias e impresiones quedaron reflejadas en libros como *Al pie de la torre Eiffel* (1889), *Por Francia y por Alemania* (1889) o *Por la Europa católica* (1905).

En 1876 Emilia editó su primer libro, *Estudio crítico de Feijoo*, y una colección de poemas, *Jaime*, con motivo del nacimiento de su primer hijo. *Pascual López*, su primera novela, se publicó en 1879 y en 1881 apareció *Viaje de novios*, la primera novela naturalista española. Entre 1831 y 1893 editó la revista *Nuevo Teatro Crítico* y en 1896 conoció a Émile Zola, Alphonse Daudet y los hermanos Goncourt. Además tuvo una importante actividad política como consejera de Instrucción Pública y activista feminista.

Desde 1916 hasta su muerte el 12 de mayo de 1921, fue profesora de Literaturas románicas en la Universidad de Madrid.

La polémica

Una polémica entre Valera y Campoamor de Emilia Pardo Bazán es un breve artículo sobre las reflexiones críticas y la disparidad de criterios que enfrentaron a Juan Valera y

Ramón de Campoamor a raíz de la fundación de la revista El Ateneo. Pardo Bazán analiza las cuestiones por ellos debatidas y las omisiones que cometieron.

La causa de tan acalorada polémica no fue otra que la publicación de un prospecto en el que se incluía lo siguiente: «Se insertará toda producción referente a cualquier rama de la ciencia, sin desdeñar la poesía.»

El citado epígrafe encolerizó a Campoamor, quien a raíz de estas palabras publicó en las páginas de La Ilustración Española y Americana sus conceptos teóricos sobre la poesía y abriendo el debate de si la lírica iba a desaparecer.

Una polémica entre Valera y Campoamor[1]

En enero de 1889 vieron la luz en Madrid dos revistas nuevas, tituladas *El Ateneo* la una, *La España Moderna* la otra. Feneció la primera en agraz, como ha solido suceder en España a publicaciones de esta especie, mientras la segunda acaba de entrar en el tercer año de próspera y floreciente vida. Y así se explica que la polémica de Campoamor y Valera, principiada en *La Ilustración* y *El Ateneo*, terminase en las páginas de *La España Moderna*, antes de formar el tomito que va a suministrarme asunto para algunas consideraciones sobre los graves problemas que en él se debaten. Nadie me ha nombrado juez del litigio, y los autores confieren este cargo a Menéndez y Pelayo; no obstante, dado que la cuestión importa, si no a toda la Humanidad, cuando menos a mucha de la que piensa, me inhibo por ahora, y si no acierto, peor para mí.

La chispa que encendió el fogosísimo y juvenil ingenio de Campoamor haciéndole saltar fue esta frase estampada en el prospecto de la revista difunta: «Se insertará toda producción referente a cualquier rama de la ciencia, sin desdeñar la poesía». Lastimado por lo que él llama admitir a la poesía de limosna, el gran poeta escribió donosa y ardiente apología, a que Valera, miembro del Comité consultivo de la revista, no se creyó en el deber de contestar, pero contestó por gusto, porque el tema era socorrido y brillante, explicando y justificando la frase del prospecto. Replicó Campoamor más atufado todavía, contrarreplicó Valera; el creador de los Pequeños poemas apretó, bastante sulfurado y desabrido, y habiendo descargado ya porción de su enojo en las pecheras de su contrincante, desahogó el resto en la rubia cabeza de

1 *La metafísica y la poesía*. Polémica por don Ramón de Campoamor y don Juan Valera, Madrid, 1891.

Ernesto Häeckel; entonces Valera (siempre diplomático, diría Campoamor), juzgó oportuno cerrar la discusión con un templado ultimátum. Al recoger, formando tomo, los textos de la disputa (uso este vocablo en el sentido escolástico, no en el vulgar), Valera añadió a las cartas un prólogo y muchas notas aclaratorias, reunidas al final del volumen.

Estuvieron en esta reñida batalla, de parte de Campoamor, la mayor suma de viveza, agudeza y resplandores, y de parte de Valera, la de exactitud, moderación y razón persuasiva (levantada sin tantas vistas a la contraria como su adversario maliciosamente supone). Puesto que me inclino al dictamen de Valera (aunque no en todo) probaré a mostrar cómo y hasta qué punto.

Para defender a la poesía lastimada por la famosa frase del prospecto, Campoamor baquetea y contunde a la prosa. Represalias de guerra civil: ya que el bando contrario fusiló a nuestros prisioneros, fusilemos nosotros a los rehenes. La prosa es vil; la prosa es humilde; la prosa tiene, desde el momento en que nace, la infirmeza de la vejez; infundir ideas en la prosa es tanto como guardar diamantes en una cazuela; la prosa es el potaje negro de Esparta; la prosa sin ritmo es una jerga, la jerga animal del ser humano; la rosa no es arte, como no lo son ni el gorjeo ni el balido; si hay alguna prosa buena, no se debe al estilo, sino a las ideas en ella contenidas; el verso es arte hasta cuando es malo... Y atando este ramillete, añade Campoamor, con su graciosa imperturbabilidad y hasta supongo que con su guiñar de ojos característico: «Yo jamás he desdeñado la prosa...».

Hácese cargo Valera de la diatriba, y explica el sentido de la frase que provocó la indignación de Campoamor. ¡Cosa más sencilla! Aquello de no desdeñar la poesía, significaba que en la Revista serían muy bien acogidos los versos buenos, y repudiados los malos. Por lo demás —habla Valera— esta severidad se justifica plenamente, considerando que la poesía es inútil y la prosa indispensable; todos tenemos que ser prosistas, aun sin saber que lo somos; pero poetas no es necesario que lo seamos. El prosista, pues, reclama indulgencia; con el poeta importa la severidad. Nadie les manda poetizar, y peor para ellos si se meten en tales lujos no teniendo capital disponible.

Falta aquí una distinción muy necesaria; y por su falta, desde este punto, oscurécese lamentablemente el debate. Al parecer, ni Valera ni Campoamor distinguen entre la prosa necesaria, la que sirve para la comunicación y fines prácticos de la vida, y la prosa bella, que es tan arte y puede ser tan poesía como los mejores versos, por lo cual Richter y Enrique Heine, sin vacilar, incluyeron a Cervantes entre los mayores poetas del mundo. Arrastrados por el calor de la discusión, diríase que Campoamor confunde la rima con la poesía, y Valera prescinde de la existencia del arte de bien hablar en prosa. ¡Notable omisión en el poeta cuya excelsitud pende menos de los ápices de la rima, y en uno de los prosistas más artistas que honran a España!

Si Valera recordase lo que tendrá olvidado de puro sabido, esto es, que arte y poesía sobreabundan en la prosa de los grandes prosadores, no reclamaría para el prosador indulgencia, empleando las comparaciones del baile, del guiso y demás. Cuando la prosa cumpla un fin inmediatamente práctico, cabrá esa indulgencia desdeñosa y ese no exigirla ciertas bellezas y energías; pero así y todo, no podremos prescindir de que reúna ciertas cualidades, por ejemplo, la claridad y la precisión. Práctico y científico era el fin de las conferencias de Tyndall sobre el calor y la electricidad, y lo llenaron bien porque estaban bien escritas: no lo llenarían si fuesen un galimatías informe. ¿Qué fin más práctico que el de un recetario de cocina? Pues figurémonos que está atestado de locuciones viciosas y construcciones ambiguas, y nos hallaremos expuestos a que nos sazonen el estofado, no con clavos de especia, sino con puntas de París.

Pero dado y no concedido que a los expositores de una ciencia se les autorice para escribir sin arte, ¿cómo hemos de aplicar la misma indulgencia al novelista, al historiador, al crítico? Porque sean muy convenientes y hasta indispensables a la cultura de una nación la historia, la crítica y la novela, ¿han de tener permiso sus cultivadores para incurrir en chapucerías? De seguro no piensa Valera así, ni piensa el mismo Campoamor, quien dice expresamente: «He de repetir que, siendo en ellas escaso el contenido de la metafísica y de la poesía, todas las prosas carecen de aire vital y se presentan a mi vista chafadas como las vejigas vacías». Si Campoamor reconoce este contenido de poesía (prescindamos ahora de la metafísica) en alguna prosa, no podrá aplicarle lo de vil, y lo de potaje negro de Esparta, y lo de jerga animal, etc., con las demás lindezas del repertorio antiprosaico.

En mi concepto lleva razón Hegel cuando afirma que la poesía es más antigua que la prosa con arte dispuesta. Los orígenes de los pueblos aparecen iluminados por un rayo de luz poética; los salvajes de la Polinesia tienen cantos, y saben manejar, aunque groseramente, el ritmo. El niño (compendio de la humanidad primitiva) propende, en su rota media lengua, a rimar y aconsonantar. Pedidle a una moza labradora de mi tierra que contornee la cláusula de un discurso — la más breve, la más elemental, y nótese que hablo de prosa oral y no de prosa escrita— y la pobre muchacha no sabrá salir del paso. Sugeridle, en cambio, que improvise, repicando el pandero, y tal vez recogeréis de sus labios alguna copla fresca y sentida. Si pretendiésemos sutilizar y agarrarnos a un clavo ardiendo, diríamos, pues, que la verdadera jerga animal es la poesía, o al menos el ritmo, procedimiento infantil más análogo que la prosa a la repetición de sonidos muy semejantes que constituye la glosología del irracional. Mas no apelemos a tiquismiquis hueros: convengamos con Pedro Grullo, gran pensador menos consultado de lo que merece, en que la mala prosa es tan pésima y reprobable como los malos versos, y que de corsario a corsario no van más que los barriles.

No sirve que Campoamor niegue la existencia de cánones determinados para el arte de la prosa, afirmando que la buena se escribe por instinto. Precisamente lo que caracteriza al artista verdadero, en cualquier ramo del arte, es la conformidad de su mente creadora con ciertas leyes inderogables de belleza; mas la aplicación de estas leyes exige algo de conocimiento más o menos reflexivo: si no se concibe al prosador genial echándose al coleto, antes de agarrar la pluma, un párrafo de Hermosilla, y aprendiéndose de memoria la distinción entre la epifonema y la prolepsis, tampoco nos lo podemos imaginar arrancando sonidos a la flauta mediante el procedimiento que nos refiere el fabulista. Ni me convence de que la prosa buena se escriba por instinto, el hecho que alega Campoamor, de que las mujeres redacten las cartas mucho mejor que los hombres. ¿Dónde y cuándo se ha producido ese fenómeno? Sainte-Beuve nos lo enseña: en la sociedad cultísima de los penúltimos Luises de Francia, entre mujeres impregnadas de literatura, *bel esprit*, arte y exquisiteces de trato. Hoy por hoy, puedo afirmarle a nuestro vate insigne que si alguna carta discreta y bien hilada de mujer llega a mis manos, siempre procede de señoras instruidas, leídas y educadas. Las que no lo son, las que no poseen tintura de nada, plumean tan insípidamente como viven.

Ahora bien: si por instinto quiere Campoamor significar esa inspiración o actividad de algo sobrehumano, distinto del individuo, que llama Schopenhauer representación independiente del principio racional, entonces convendré en que el prosista escribe por instinto; pero añadiré que otro tanto le sucede al poeta y a todo artista señalado.

La poesía que se contenta con enhebrar palabras sonoras, perlas de cera, es radicalmente inferior a la que expresa o sugiere ideas: ¡quién lo duda! Acierta Campoamor cuando dice que los versos que solo tienen entonación pertenecen a la elocuencia más bien que a la poesía. Mas no son las ideas, o la metafísica, o el jugo filosófico (hablando con poco rigor), el único contenido que cabe en los versos. El sentimiento (despedida de Héctor y Andrómaca; Hugolino en la torre con sus hijos; dolora ¡Quién supiera escribir!, de Campoamor) tiene también su inefabilidad poética; ¡vaya si la tiene! El colorido y la viva reproducción de los objetos sensibles (Cena jocosa, de Baltasar del Alcázar; Galets séchés, de Richepin) no son costal de paja, aunque nada tengan que ver con la metafísica. Nadie aborrece más que yo la poesía bombástica, el tururum de los merengues; pero creo que fuera de ella, y aparte del ideísmo y del acutismo, hay muchos caminos para salvarse: no interceptemos ninguno.

Por esta creencia, me suena bien cuanto dice Valera respecto al número de poetas, tan restringido por Campoamor, que entiende que no se produce un poeta de marca sino cada mil años. Afortunadamente, la cosecha es más rica; vivimos, en efecto, con mayor desahogo de lo que Campoamor afirma. Solo la primera mitad de nuestro siglo rindió una docena de poetas, no agradables ni discretos (que también admito esa clasificación y estimo ese mérito parcial), sino grandes a boca llena. Zorrilla, Espronceda y Ángel Saavedra en España; Musset, Lamartine, Víctor Hugo en Francia; Byron y Keats en Inglaterra; Leopardi y Manzoni en Italia; Puchkin y Lermontov en Rusia... ¿Quién echa abajo a estos nenes? Podemos discutirlos desde el punto de vista de nuestra estética personal, censurar a este, poner sobre nuestra cabeza a aquel: ¿pero negarles?...

Tampoco me parece que importe al contenido metafísico de la poesía la chistosa solfa en que pone Campoamor el sistema de la evolución en las ciencias naturales. Si por metafísica entendemos la investigación racional de las causas primeras, el evolucionismo tiene su metafísica, más o menos ortodoxa, pero metafísica al fin y al cabo. Presintiendo esa metafísica, o dígase con más propiedad, esa filosofía de la naturaleza, escribió Goethe aquellas admirables poesías, evolutivas casi todas, repletas de idea y de pensamiento, que figuran en sus obras bajo el epígrafe de *Got, Gemüth und Welt*. Por cierto que entre ellas se cuentan un donoso y profundo Diálogo entre los sabios y el vulgo, que es la mejor paráfrasis de la opinión de Valera respecto a la inutilidad (?) de la metafísica. El vulgo, que aspira a datos concretos para utilizarlos, es decir, para tener norma fija con que regular su conducta y no romperse los cascos ni liquidarse el meollo, pide a los sabios que le resuelvan categóricamente varias cuestiones de esta índole: «Ea, soñadores, hoy tocan a responder sin ambages, no con nebulosidades vagas. Sepamos: ¿El mundo es eterno? ¿Perecerá algún día? ¿Qué se entiende por infinito? ¿Tenemos alma?, etcétera, etcétera». Y los sabios, claro está, no encuentran respuesta capaz de satisfacer al vulgo. Tratan de indicarle la ruta, de adecuar su respuesta a la comprensión que suponen en el que interroga, y al paso le dan a entender, con visible mal humor, que es de necios aspirar a que les sirvan mondada la filosofía, la cual, como la dicha, no puede encontrarla nadie fuera de sí mismo. El diálogo termina con esta frase del vulgo: «Siquiera, antes de separarnos, dígannos los señores filósofos: ¿en qué debemos complacernos más?». Y los sabios, envolviéndose en el manto, agarrando el báculo y la linterna, encogiéndose de hombros, responden unánimes: «Para nosotros, lo esencial es vernos libres de preguntones».

¡Ah! El vulgo, tocante a metafísica (bien lo sabe Campoamor), siempre pensará como aquellas damas alemanas, que decían con horror y escándalo: «Pero, ¿el profesor Fichte duda de la existencia de todo? ¿Hasta de la de su propia mujer? ¿Y cómo lo sufre la señora de Fichte?».

Valera resume, en unas líneas de su última carta, la mala inteligencia a que debemos esta chispeante y curiosa discusión. «Tal vez —dice a Campoamor—, si nos hubiésemos puesto de acuerdo sobre la significación de la palabra útil, no hubiera habido disputa». Verdad de a folio. En el sentido en que Valera declara inútiles la metafísica y la poesía, sonlo realmente, pues para el planchado de las camisas y arreglo doméstico, ni todo el ingenio de Campoamor nos probará que se precisen. En lo que no conformo con Valera, y el punto tiene su importancia, es en que «la poesía y la metafísica son inútiles, como son inútiles las bellas artes, la virtud en grado superior y la santidad». No veo analogía entre estas últimas supuestas inutilidades y las primeras. Cabalmente la virtud en grado superior y la santidad son utilísimas, prácticamente hablando, por el ejemplo, ejemplo que pueden seguir muchos, mientras el genio carece de ejemplaridad en todo rigor: es inimitable. Recuerde el señor Valera cómo las grandes santas fundadoras arrastraron con su ejemplo miles de almas a la práctica de las mismas virtudes que ellas ejercitaban y poseían: vea los mártires y los confesores que se alzaron en pos del protomártir San Esteban: contemple la legión de ascetas y crucificados en vida que suscitó San Francisco de Asís: considere cómo nuestra Teresa de Jesús edificó y convirtió a tantísima dama y damisela de su tiempo, y pobló el mundo de carmelitas mortificadas y virginales. Estoy segura de que si el señor Valera se dedicase a establecer hospitales o a recoger niños abandonados, le sería fácil encontrar quien le secundara, rivalizando con él en celo, por mucho que desplegase; no así sacar a luz algún novicio en literatura que emule su estilo y eclipse sus méritos de escritor. Todo se pega menos lo bonito, dice la gente, y yo tomaré esta palabra bonito por sinónima de artístico, y diré que el arte es egoísta, pagano, individual, de utilidad indirecta por consiguiente, mientras la de la virtud es social y directa. Cabe que nos asociemos con el zapatero de la esquina para instituir un asilo de ciegos o de cojos, no para escribir un poema o planear una novela. Es más: ni con los propios señores Valera y Campoamor nos podemos asociar para este fin. En tales asuntos, cada uno en su casa, y Dios en la de todos.

Por esta razón (y por otras muchas) es tan grave error estético poner el arte como instrumento al servicio de la ética. Si yo tuviese la sandunga de Valera o de Campoamor, encontraría ahora un modo muy chusco de decir que Dios, en su infinita bondad, ni manda ni pide imposibles, y sabiendo que se puede imitar la virtud y el genio no, nos tiene ordenado que seamos virtuosos, no que seamos grandes artistas, eximios poetas o sublimes pensadores. Y si no temiese escandalizar (no a Campoamor ni a Valera) añadiría que por eso la Humanidad celebra más el genio que la virtud, aun en grado heroico; las obras de esta suelen quedar oscurecidas, las del genio nunca: llevan en sí el brillo de su rareza, como el grueso diamante.

Ahora una observación al vencedor en la polémica, que yo creo que es Valera. No veo qué relación puede existir entre la metafísica, tal como la necesitan y cultivan los espíritus elevados, y las sesiones de magia blanca y espiritismo de la señora Blavatzky, a que el autor de *Pepita Jiménez* consagra una atención, en mi concepto, injustificada e inmerecida. Hablo así refiriéndome a conversaciones con mis amigos rusos residentes en París, y en opinión de los cuales la Blavatzky, su compatriota, es pura y sencillamente una prestidigitadora ilustrada y lista. Valera, que corta un pelo en el aire, sabe remedar bien cierta candorosa ingenuidad, la cual tiene su gracia y su estímulo; pero yo, que me paso de clara, no acierto a fingir que creo que él cree en los milagros y trascendental sabiduría del reverendo Mahatma Koot Hoomi, a quien dedica Sinnet su obra titulada El mundo oculto. No e s que me la eche de escéptica por gusto. Yo desearía prestar fe a tamañas maravillas: este pícaro mundo es muy prosaico, muy cortado por patrón, y la fantasía, a veces, fermenta invocando a algún diablejo que nos transporte, como al licenciado Torralba, a Roma en una noche. Por desgracia, los milagreros indios y rusos no han inventado medio de locomoción más rápido que el Sudexprés.

En la polémica de Campoamor y Valera sale a relucir también la cuestión de la nacionalidad en poesía y metafísica, y el moderno pleito de si hemos tenido o no filosofía española. Al leer el párrafo en que Valera toca este punto, se me refrescó la memoria del artículo que no ha mucho publicó en la *Revue Philosophique* el judío converso mallorquín Guardia, poniendo como chupa de dómine a los que sostienen que hubo tal filosofía española; y sentí que Valera hubiese desaprovechado la ocasión de recordarle a aquel agrio e inconsiderado negador de nuestras glorias, cuánto importa que procure siempre ser, en lo posible, el que ha de reprender, irreprensible, advirtiéndole que quien tan destempladamente abate y menosprecia debe mostrarse muy versado en la materia que trata, y no omitir, entre los cinco o seis autores que pueden citarse como vindicadores de la filosofía española, el nombre de don Luis Vidart, cuyo libro La filosofía española es, al decir del propio Valera, base y fundamento de los trabajos posteriores sobre el mismo asunto, por ejemplo, el de don Adolfo de Castro. La erudición bibliográfica que necesitaría Guardia para citar el libro de Vidart (cita imprescindible, dado el tema del artículo) no sería por cierto tan arcana como la que necesitó para remontarse hasta Forner.

Más acá que Forner están dos importantes historiadores de la filosofía española, que tampoco parece conocer Guardia: el padre Zeferino González y el padre José Fernández Cuevas, cuya *Historia Philosophiae ad usum Academiae Juventutis* procede de 1858, y consta de dos volúmenes, el segundo dedicado exclusivamente a la historia de la filosofía española, hasta Donoso Cortés inclusive.

Valera aborrece a los polemistas erizos: dudo que tome jamás de su cuenta a Guardia devolviéndole la semblanza que Guardia traza de él, y que por no ser lo más amargo, es lo más aceptable del artículo a que hago referencia. Hay en esa semblanza irreverente, obra de un enemigo y de un impugnador, algún rasgo bien sorprendido de la fisonomía literaria de Valera, entre otros, aquella indecisión que hace decir a Campoamor que cuando Valera levanta una razón, es siempre con vistas a la contraria. La justicia obliga a reconocer que en la polémica que da ocasión a estos renglones, Valera, aunque envuelto y restrictivo en la manera de decir, aparece en el fondo más afirmativo y consecuente que otras veces. Un mismo propósito le anima, desde la primera respuesta a Campoamor hasta las notas. En otros escritos recientes de Valera, el lector cree caminar por un terreno sembrado de estatuas y columnitas de mármol, donde crecen lindos arbustos y raras especies de flores; pero el suelo es movedizo, húndese bajo nuestros pies, y los objetos sufren tales desviaciones y cambios, que lo que parecía planta se trueca en capitel, y acabamos por desear un territorio árido, seco, desnudo y firme. Esta polémica (quizás por virtud del fin polémico mismo, que obliga a ser decisivo, a sostener algo) nos encanta, precisamente porque se nos hunden menos los pies y no se nos marea la vista. Sin condenar pedantescamente los eufemismos, dialogismos y dubitaciones de la retórica de Valera, que son forma personal y deben respetarse, creo que si revestido de la autoridad de su delicado gusto y varia cultura, habiendo consultado el oráculo interior, purificada la intención e impávida la conciencia, se decidiese a afirmar más a menudo, quizás su prestigio de pensador y crítico insigne llegaría a ser todavía mayor de lo que es en ambos hemisferios.

Nuevo Teatro Crítico, n.º 2, febrero de 1891, págs. 31-53.

Libros a la carta

A la carta es un servicio especializado para
empresas,
librerías,
bibliotecas,
editoriales
y centros de enseñanza;
y permite confeccionar libros que, por su formato y concepción, sirven a los propósitos más específicos de estas instituciones.

Las empresas nos encargan ediciones personalizadas para marketing editorial o para regalos institucionales. Y los interesados solicitan, a título personal, ediciones antiguas, o no disponibles en el mercado; y las acompañan con notas y comentarios críticos.

Las ediciones tienen como apoyo un libro de estilo con todo tipo de referencias sobre los criterios de tratamiento tipográfico aplicados a nuestros libros que puede ser consultado en Linkgua-ediciones.com.

Linkgua edita por encargo diferentes versiones de una misma obra con distintos tratamientos ortotipográficos (actualizaciones de carácter divulgativo de un clásico, o versiones estrictamente fieles a la edición original de referencia).

Este servicio de ediciones a la carta le permitirá, si usted se dedica a la enseñanza, tener una forma de hacer pública su interpretación de un texto y, sobre una versión digitaliza da «base», usted podrá introducir interpretaciones del texto fuente. Es un tópico que los profesores denuncien en clase los desmanes de una edición, o vayan comentando errores de interpretación de un texto y esta es una solución útil a esa necesidad del mundo académico.

Asimismo publicamos de manera sistemática, en un mismo catálogo, tesis doctorales y actas de congresos académicos, que son distribuidas a través de nuestra Web.

El servicio de «Libros a la carta» funciona de dos formas.

1. Tenemos un fondo de libros digitalizados que usted puede personalizar en tiradas de al menos cinco ejemplares. Estas personalizaciones pueden ser de todo tipo: añadir notas de clase para uso de un grupo de estudiantes, introducir logos corporativos para uso con fines de marketing empresarial, etc. etc.

2. Buscamos libros descatalogados de otras editoriales y los reeditamos en tiradas cortas a petición de un cliente.

Printed in Poland
by Amazon Fulfillment
Poland Sp. z o.o., Wrocław

69305494R00016